mokykla - koulu	2
kelionė - matka	5
transportas - kuljetus	8
miestas - kaupunki	10
kraštovaizdis - maisema	14
restoranas - ravintola	17
prekybos centras - supermarketti	20
gėrimai - juomat	22
maistas - ruoka	23
ūkininko ūkis - maatila	27
namas - talo	31
svetainė - olohuone	33
virtuvė - keittiö	35
vonios kambarys - kylpyhuone	38
vaiko kambarys - lastenhuone	42
drabužis - vaatteet	44
biuras - toimisto	49
ekonomika - talous	51
profesijos - ammatit	53
įrankiai - työkalut	56
muzikos instrumentai - soittimet	57
zoologijos sodas - eläintarha	59
sportas - urheilu	62
užsiėmimai - aktiviteetit	63
šeima - perhe	67
kūnas - vartalo	68
ligoninė - sairaala	72
nelaimingas atsitikimas - hätätilanne	76
Žemė - maa	77
laikrodis - kello	79
savaitė - viikko	80
metai - vuosi	81
formos - muodot	83
spalvos - värit	84
priešingos reikšmės žodžiai - vastakohdat	85
skaičiai - numerot	88
kalbos - kielet	90
kas / ką / kaip - kuka / mitä / miten	91
kur - missä	92

Impressum
Verlag: BABADADA GmbH, Nedderfeld 112 , 22529 Hamburg
Geschäftsführer / Verlagsleitung: Harald Hof
Druck: Books on Demand GmbH, In de Tarpen 42, 22848 Norderstedt

Imprint
Publisher: BABADADA GmbH, Nedderfeld 112 , 22529 Hamburg, Germany
Managing Director / Publishing direction: Harald Hof
Print: Books on Demand GmbH, In de Tarpen 42, 22848 Norderstedt

mokykla
koulu

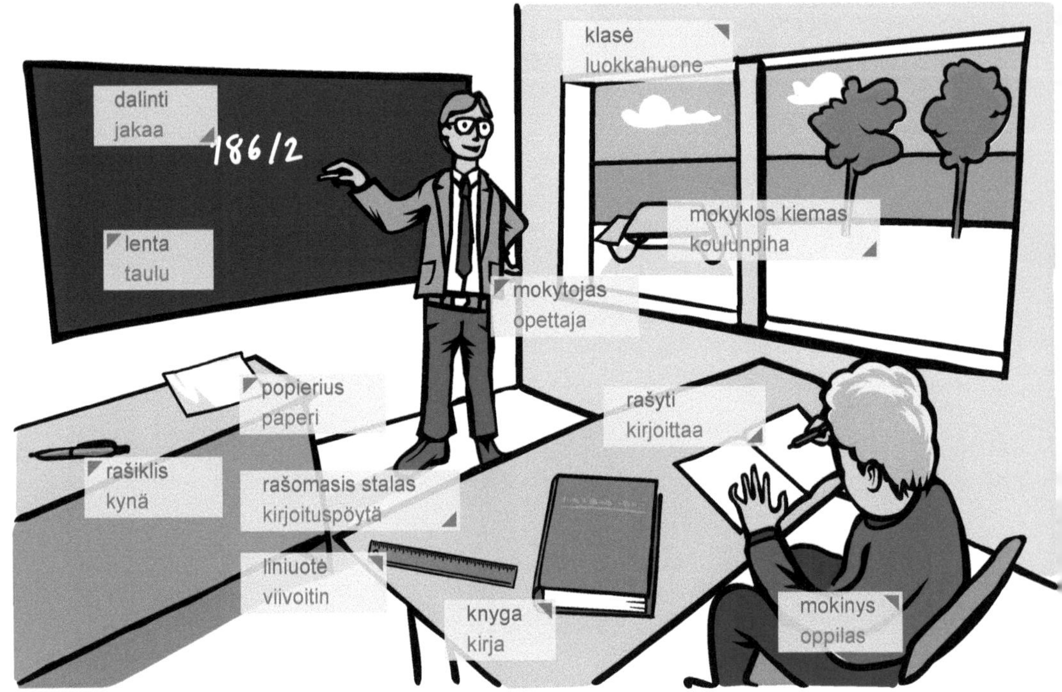
klasė
luokkahuone
dalinti
jakaa
186/2
lenta
taulu
mokyklos kiemas
koulunpiha
mokytojas
opettaja
popierius
paperi
rašyti
kirjoittaa
rašiklis
kynä
rašomasis stalas
kirjoituspöytä
liniuotė
viivoitin
knyga
kirja
mokinys
oppilas

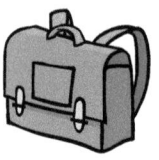

kuprinė

reppu

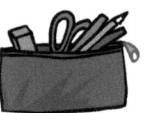

penalas

penaali

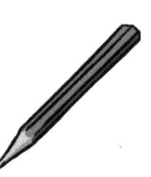

pieštukas

lyijykynä

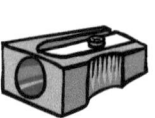

drožtukas

kynänteroitin

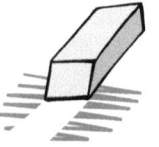

trintukas

pyyhekumi

piešimo bloknotas

piirustuslehtiö

piešinys
piirustus

teptukas
pensseli

dažų dėžutė
vesivärit

žirklės
sakset

klijai
liima

vadovėlis
harjoituskirja

namų darbai
kotitehtävä

12

numeris
luku

2+2

pridėti
lisätä

5-2

atimti
vähentää

2×2

dauginti
kertoa

skaičiuoti
laskea

raidė
kirjain

**ABCDEFG
HIJKLMN
OPQRSTU
VWXYZ**

abėcėlė
aakkoset

žodis
sana

tekstas

teksti

skaityti

lukea

kreida

liitu

pamoka

oppitunti

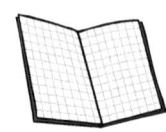

dienynas

opettajan muistikirja

egzaminas

koe

pažymėjimas

todistus

mokyklinė uniforma

koulupuku

išsilavinimas

koulutus

enciklopedija

sanakirja

universitetas

yliopisto

mikroskopas

mikroskooppi

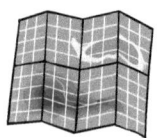

žemėlapis

kartta

šiukšliadėžė

roskakori

kelionė

matka

viešbutis
hotelli
Grand
svečių namai
retkeilymaja
ROOMS
valiutos keitykla
rahanvaihto
EXCHANGE
lagaminas
matkalaukku
mašina
auto

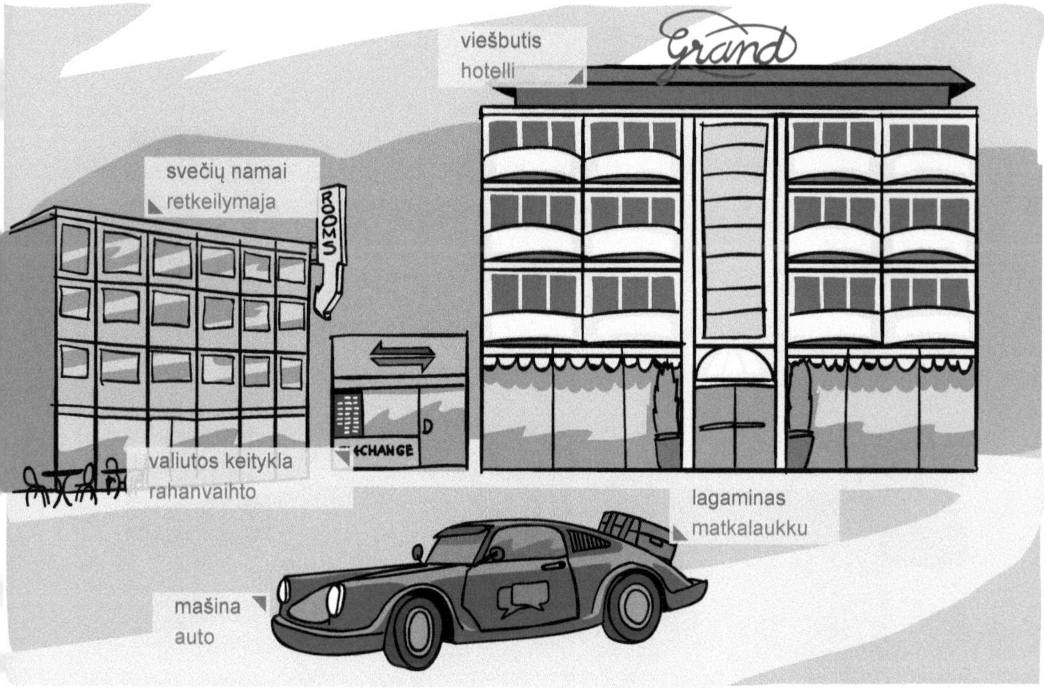

kalba

kieli

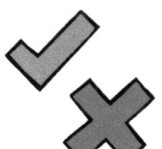

taip / ne

kyllä / ei

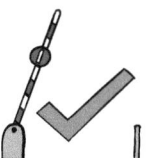

Gerai

selvä

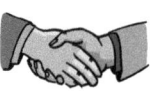

sveiki

hei

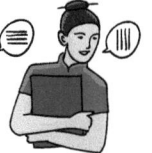

vertėjas raštu

tulkki

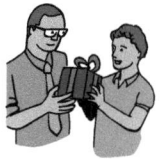

Ačiū

kiitos

kiek kainuoja...?

Paljonko...maksaa?

aš nesuprantu

en ymmärrä

problema

ongelma

Labas vakaras!

Hyvää iltaa!

Labas rytas!

Hyvää huomenta!

Labos nakties!

Hyvää yötä!

viso gero

näkemiin

kryptis

suunta

bagažas

matkatavarat

krepšys

laukku

kuprinė

reppu

svečias

vieras

kambarys

huone

miegmaišis

makuupussi

palapinė

teltta

turizmo informacija

turisti-info

paplūdimys

ranta

kreditinė kortelė

luottokortti

pusryčiai

aamupala

pietūs

lounas

vakarienė

päivällinen

bilietas

matkalippu

liftas

hissi

pašto ženklas

postimerkki

siena

raja

muitinė

tulli

ambasada

suurlähetystö

viza

viisumi

pasas

passi

transportas
kuljetus

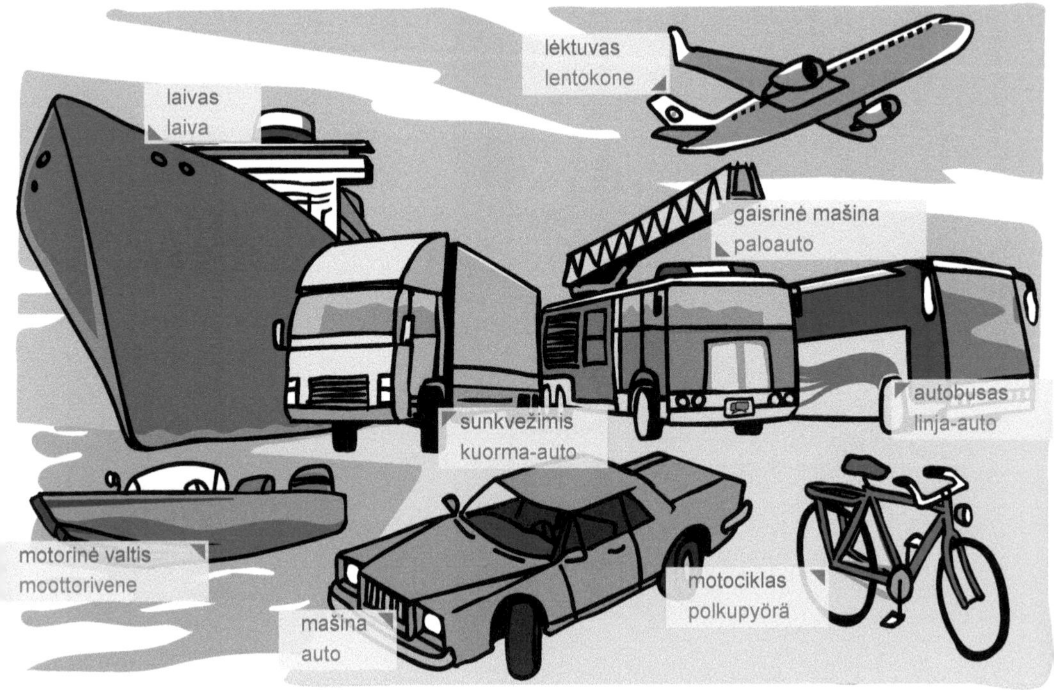
lėktuvas
lentokone
laivas
laiva
gaisrinė mašina
paloauto
autobusas
linja-auto
sunkvežimis
kuorma-auto
motorinė valtis
moottorivene
motociklas
polkupyörä
mašina
auto

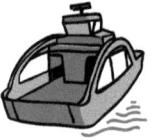

keltas

lautta

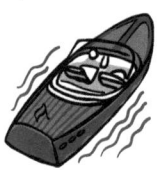

valtis

vene

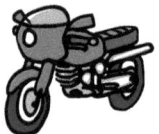

mopedas

moottoripyörä

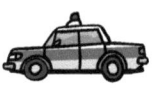

policijos automobilis

poliisiauto

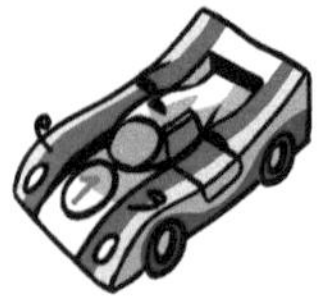

lenktyninis automobilis

kilpa-auto

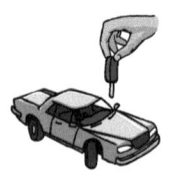

nuomojamas automobilis

vuokra-auto

bendras automobilio
naudojimas
....
car sharing

techninės pagalbos
automobilis
....
hinausauto

šiukšliavežė
....
roska-auto

variklis
....
moottori

degalai
....
polttoaine

degalinė
....
huoltoasema

kelio ženklas
....
liikennemerkki

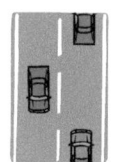

eismas
....
liikenne

eismo spūstis
....
ruuhka

mašinų stovėjimo aikštelė
....
parkkipaikka

traukinių stotis
....
rautatieasema

bėgiai
....
raiteet

traukinys
....
juna

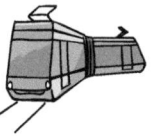

tramvajus
....
raitiovaunu

vagonas
....
vaunu

sraigtasparnis

helikopteri

oro uostas

lentokenttä

bokštas

lähilennonjohto

keleivis

matkustaja

konteineris

kontti

dėžė

pahvilaatikko

vežimėlis

kärryt

krepšys

kori

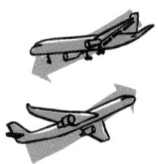

pakilti / nusileisti

nousta / laskea

miestas
kaupunki

kaimas

kylä

miesto centras

keskusta

namas

talo

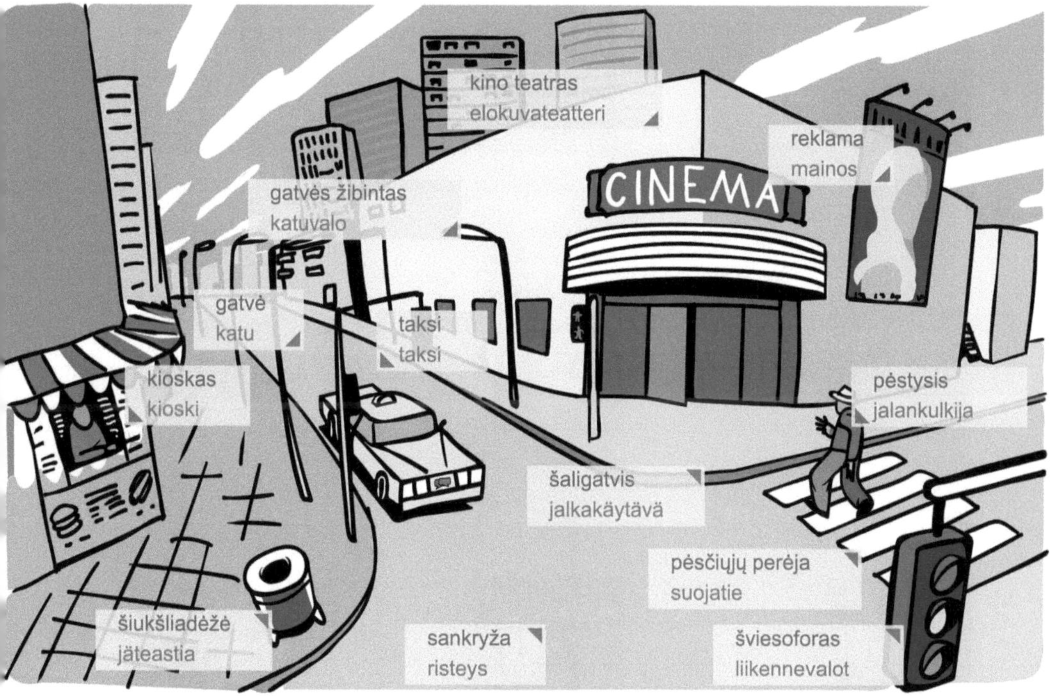

kino teatras
elokuvateatteri

reklama
mainos

gatvės žibintas
katuvalo

gatvė
katu

taksi
taksi

kioskas
kioski

CINEMA

pėstysis
jalankulkija

šaligatvis
jalkakäytävä

pėsčiųjų perėja
suojatie

šiukšliadėžė
jäteastia

sankryža
risteys

šviesoforas
liikennevalot

trobelė
mökki

butas
kerrostalo

traukinių stotis
rautatieasema

rotušė
kaupungintalo

muziejus
museo

mokykla
koulu

universitetas

yliopisto

bankas

pankki

ligoninė

sairaala

viešbutis

hotelli

vaistinė

apteekki

biuras

toimisto

knygynas

kirjakauppa

parduotuvė

liike

gėlių parduotuvė

kukkakauppa

prekybos centras

supermarketti

turgus

tori

universalinė parduotuvė

tavaratalo

žuvies parduotuvė

kalakauppias

prekybos centras

ostoskeskus

uostas

satama

parkas
puisto

suoliukas
penkki

tiltas
silta

laiptai
portaat

metro
metro

tunelis
tunneli

autobusų stotelė
linja-autopysäkki

baras
baari

restoranas
ravintola

lauko pašto dėžutė
postilaatikko

kelio ženklas
katukyltti

parkomatas
parkkimittari

zoologijos sodas
eläintarha

baseinas
uimala

mečetė
moskeija

ūkininko ūkis

maatila

tarša

ympäristön saastuminen

kapinės

hautausmaa

bažnyčia

kirkko

žaidimų aikštelė

leikkikenttä

šventykla

temppeli

kraštovaizdis
maisema

lapas
lehti

kelio rodyklė
tienviitta

kelias
tie

pieva
niitty

akmuo
kivi

ėjikas
retkeilijä

medis
puu

upė
joki

žolė
ruoho

gėlė
kukka

slėnis

laakso

kalva

vuori

ežeras

järvi

miškas

metsä

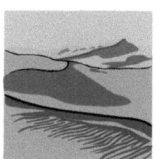

dykuma

aavikko

ugnikalnis

tulivuori

pilis

linna

vaivorykštė

sateenkaari

grybas

sieni

palmė

palmu

uodas

hyttynen

musė

kärpänen

skruzdėlė

muurahainen

bitė

mehiläinen

voras

hämähäkki

kraštovaizdis - maisema

vabalas

kovakuoriainen

varlė

sammakko

voverė

orava

ežys

siili

kiškis

jänis

pelėda

pöllö

paukštis

lintu

gulbė

joutsen

šernas

villisika

elnias

peura

briedis

hirvi

užtvanka

pato

vėjo jėgainė

tuulimylly

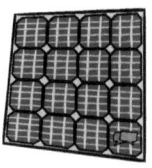

saulės baterija

aurinkopaneeli

klimatas

ilmasto

restoranas
ravintola

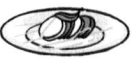

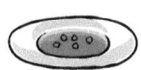

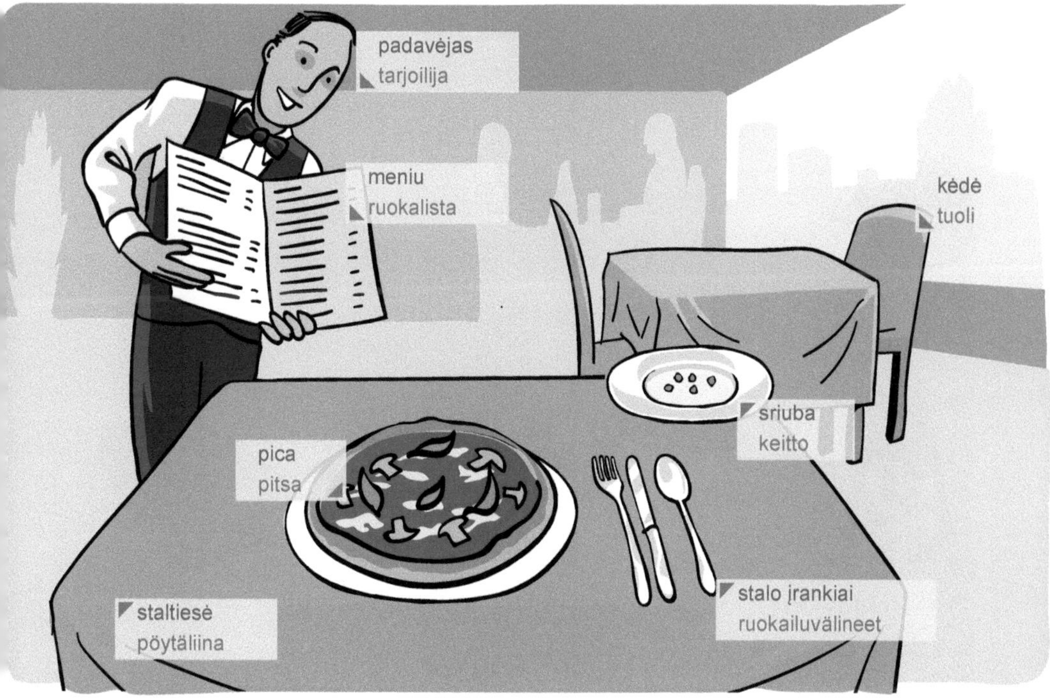
padavėjas
tarjoilija
meniu
ruokalista
kėdė
tuoli
sriuba
keitto
pica
pitsa
staltiesė
pöytäliina
stalo įrankiai
ruokailuvälineet

užkandis
alkuruoka

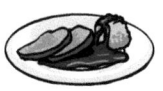

pagrindinis patiekalas
pääruoka

desertas
jälkiruoka

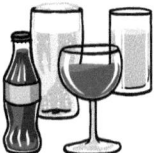

gėrimai
juomat

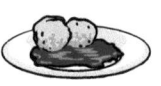

maistas
ruoka

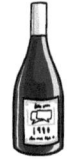

butelis
pullo

greitai pateikiamas maistas

....

pikaruoka

gatvės maistas

....

katuruoka

arbatinukas

....

teekannu

cukrinė

....

sokeriastia

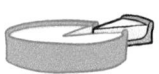

porcija

....

annos

espreso aparatas

....

espressokeitin

aukšta kėdė

....

syöttötuoli

sąskaita

....

lasku

padėklas

....

tarjotin

peilis

....

veitsi

šakutė

....

haarukka

šaukštas

....

lusikka

arbatinis šaukštelis

....

teelusikka

servetėlė

....

servietti

stiklinė

....

lasi

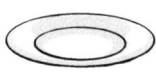

lėkštė

lautanen

sriubos lėkštė

syvä lautanen

padėklas

aluslautanen

padažas

kastike

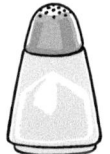

druskinė

suolasirotin

pipirų malūnėlis

pippurimylly

actas

etikka

aliejus

öljy

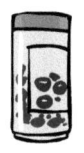

prieskoniai

mausteet

kečupas

ketsuppi

garstyčios

sinappi

majonezas

majoneesi

prekybos centras
supermarketti

specialus pasiūlymas
tarjous
FOR
pirkėjas
asiakas
pieno produktai
maitotuotteet
vaisiai
hedelmät
troleibusas
ostoskärryt

BUTCHERS

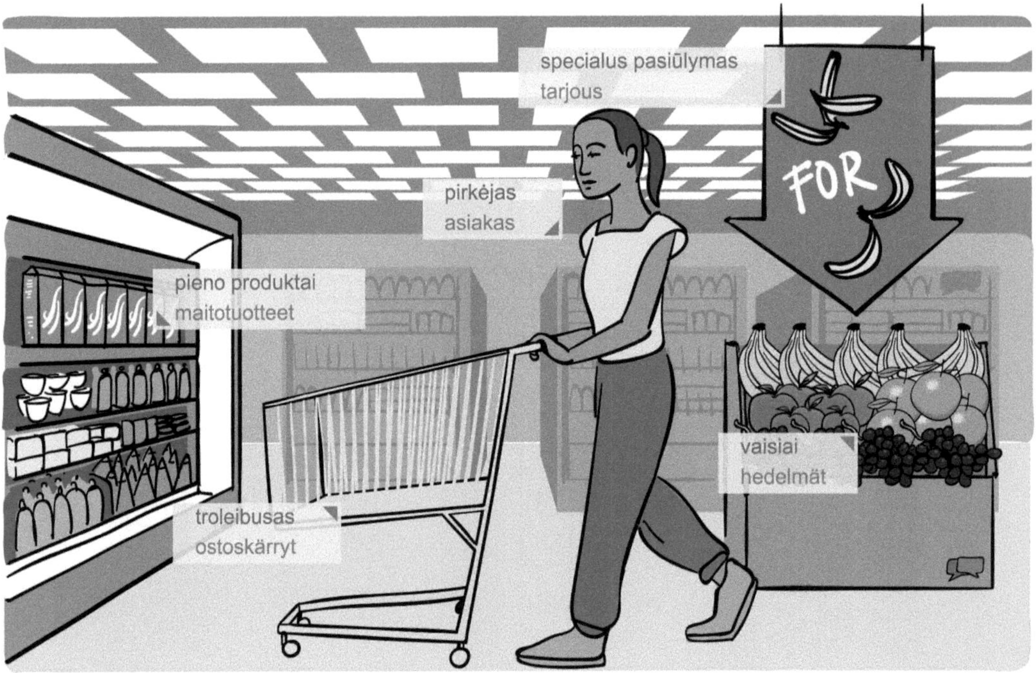

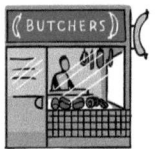

mėsos parduotuvė

teurastamo

BAKERY

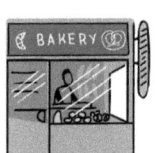

kepykla

leipomo

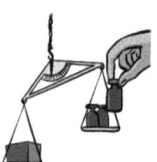

sverti

punnita

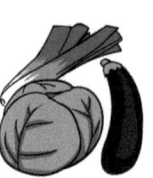

daržovės

kasvikset

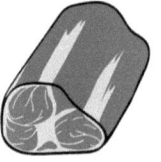

mėsa

liha

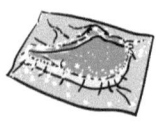

šaldytas maistas

pakasteet

šalti mėsos užkandžiai

leikkele

konservai

säilykkeet

skalbimo milteliai

pesujauhe

saldumynai

makeiset

ūkinės prekės

kotitaloustarvikkeet

valymo priemonės

puhdistusaineet

pardavėja

myyjä

kasos aparatas

kassa

kasininkas

kassanhoitaja

pirkinių sąrašas

ostoslista

darbo valandos

aukioloajat

piniginė

lompakko

kreditinė kortelė

luottokortti

maišelis

kassi

plastikinis maišelis

muovipussi

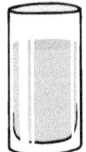
vanduo
vesi

sultys
mehu

pienas
maito

kola
kokis

vynas
viini

alus
olut

alkoholis
alkoholi

kakava
kaakao

arbata
tee

kava
kahvi

espresas
espresso

kapučinas
cappuccino

bananas
banaani

obuolys
omena

apelsinas
appelsiini

arbūzas
meloni

citrina
sitruuna

morka
porkkana

česnakas
valkosipuli

bambukas
bambu

svogūnas
sipuli

grybas
sieni

riešutai
pähkinät

makaronai
spagetti

spagečiai

spagetti

ryžiai

riisi

salotos

salaatti

traškučiai

ranskalaiset

keptos bulvės

paistetut perunat

pica

pitsa

mėsainis

hampurilainen

sumuštinis

voileipä

pjausnys

leike

kumpis

kinkku

saliamis

salami

dešrelė

makkara

vištiena

kana

kepsnys

paisti

žuvis

kala

avižų dribsniai
kaurahiutaleet

dribsniai su priedais
mysli

kukurūzų dribsniai
murot

miltai
jauho

prancūziškasis ragelis
voisarvi

bandelė
sämpylä

duona
leipä

skrebutis
paahtoleipä

sausainiai
keksit

sviestas
voi

varškė
rahka

tortas
kakku

kiaušinis
kananmuna

kiaušinienė
paistettu kananmuna

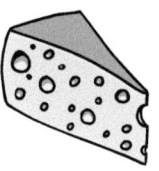

sūris
juusto

ledai

jäätelö

cukrus

sokeri

medus

hunaja

uogienė

hillo

tepamas šokoladas

suklaapähkinälevite

karis

curry

ūkininko ūkis
maatila

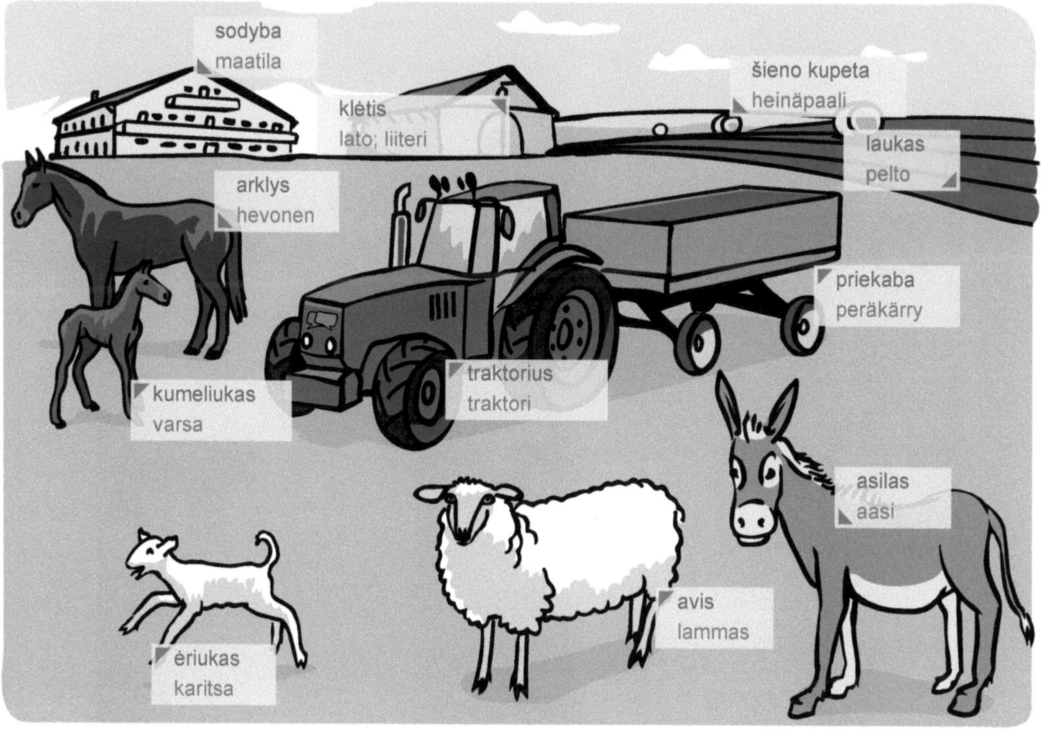
sodyba
maatila
klėtis
lato; liiteri
šieno kupeta
heinäpaali
laukas
pelto
arklys
hevonen
priekaba
peräkärry
traktorius
traktori
kumeliukas
varsa
asilas
aasi
avis
lammas
ėriukas
karitsa

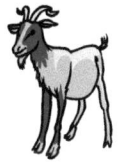

ožys

vuohi

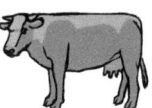

karvė

lehmä

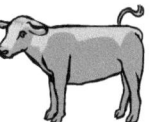

veršis

vasikka

kiaulė

sika

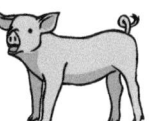

paršelis

porsas

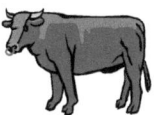

bulius

sonni

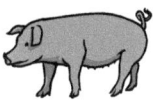

žąsis
hanhi

antis
ankka

viščiukas
tipu

višta
kana

gaidys
kukko

žiurkė
rotta

katė
kissa

pelė
hiiri

jautis
härkä

šuo
koira

šuns būda
koirankoppi

sodo namas
puutarhaletku

laistytuvas
kastelukannu

dalgis
viikate

plūgas
aura

pjautuvas

sirppi

kauptukas

kuokka

šakės

talikko

kirvis

kirves

statinė

kottikärryt

lovys

kaukalo

bidonas

maitokannu

maišas

säkki

tvora

aita

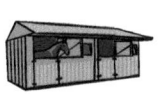

arklidė

talli

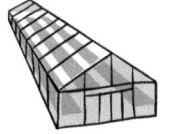

šiltnamis

kasvihuone

dirva

maa

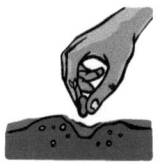

sėkla

siemen

trąšos

lannoite

kombainas

leikkuupuimuri

rinkti
kerätä sato

derlius
sato

saldžiosios bulvės
jamssit

kviečiai
vehnä

soja
soija

bulvė
peruna

kukurūzai
maissi

rapsai
rypsi

vaismedis
hedelmäpuu

manijokas
maniokki

grūdai
vilja

namas
talo

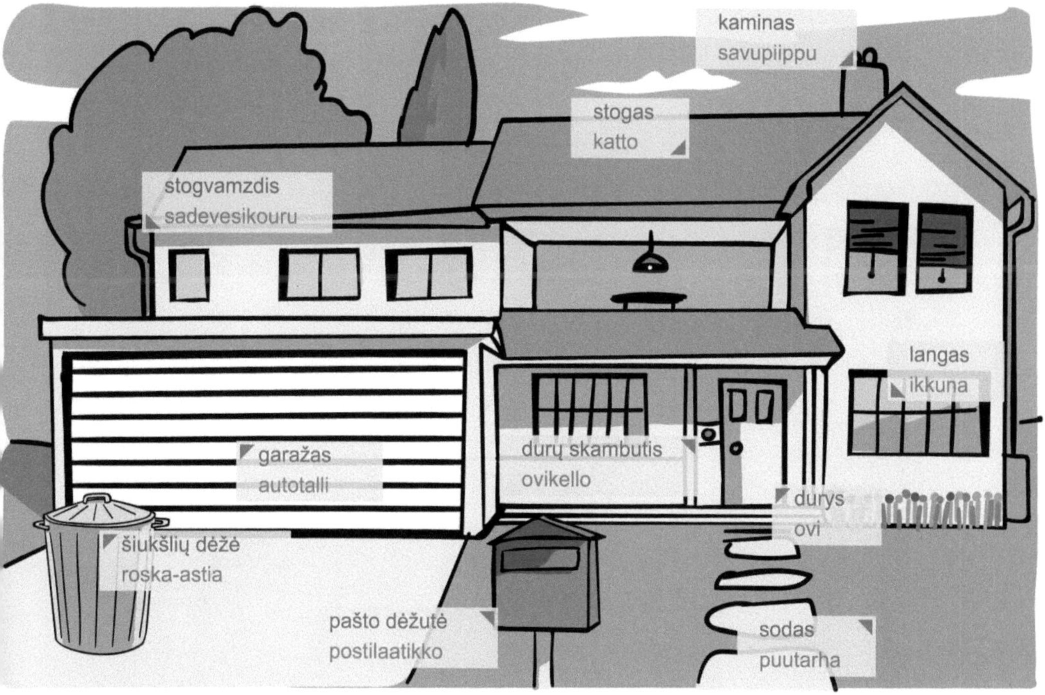
kaminas
savupiippu
stogas
katto
stogvamzdis
sadevesikouru
langas
ikkuna
garažas
autotalli
durų skambutis
ovikello
durys
ovi
šiukšlių dėžė
roska-astia
pašto dėžutė
postilaatikko
sodas
puutarha

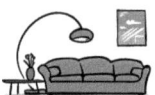

svetainė

olohuone

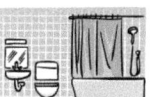

vonios kambarys

kylpyhuone

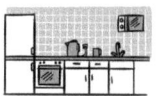

virtuvė

keittiö

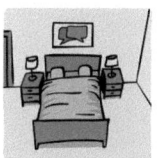

miegamasis

makuuhuone

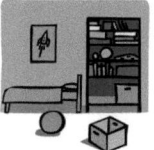

vaiko kambarys

lastenhuone

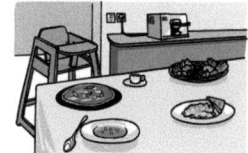

valgomasis

ruokahuone

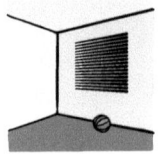

grindys

lattia

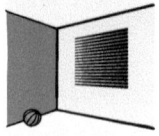

siena

seinä

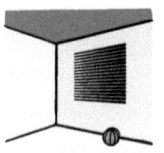

lubos

katto

rūsys

kellari

sauna

sauna

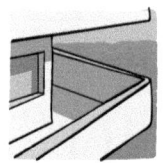

balkonas

parveke

terasa

terassi

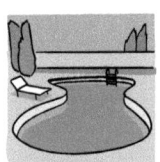

baseinas

uima-allas

žoliapjovė

ruohonleikkuri

paklodė

lakana

lovatiesė

päiväpeitto

lova

sänky

šluota

harja

kibiras

ämpäri

jungiklis

katkaisin

svetainė
olohuone

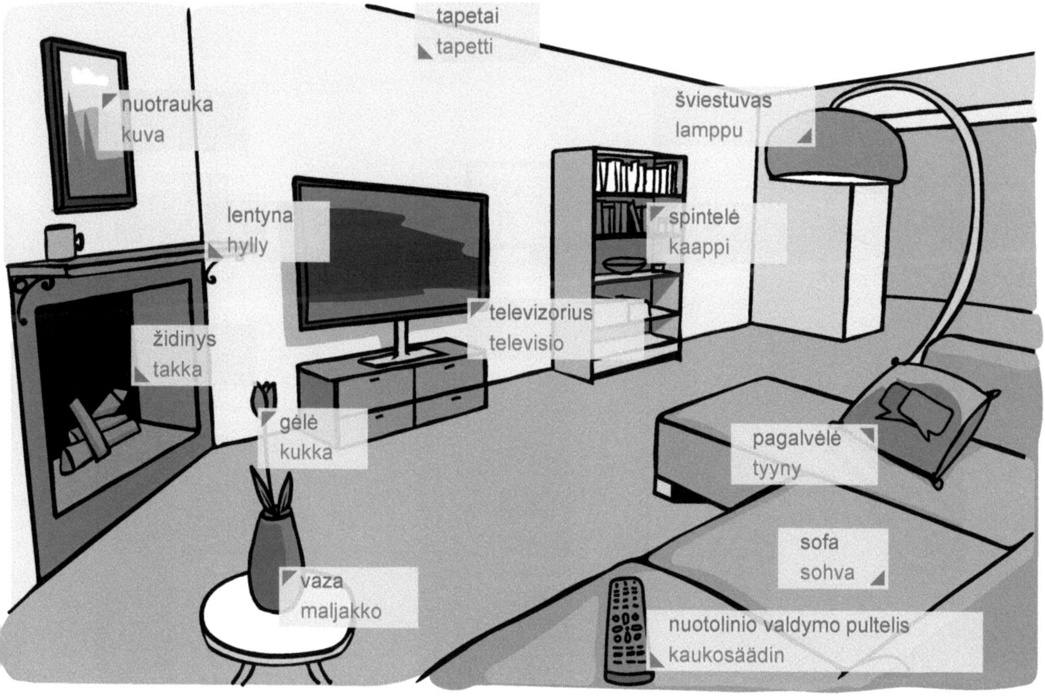
tapetai
tapetti
nuotrauka
kuva
šviestuvas
lamppu
lentyna
hylly
spintelė
kaappi
televizorius
televisio
židinys
takka
gėlė
kukka
pagalvėlė
tyyny
sofa
sohva
vaza
maljakko
nuotolinio valdymo pultelis
kaukosäädin

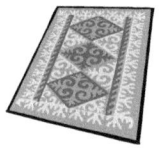

kilimas

matto

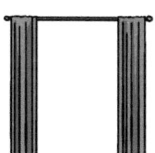

užuolaida

verho

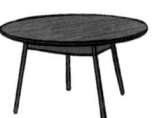

stalas

pöytä

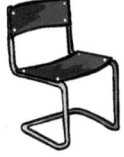

kėdė

tuoli

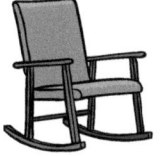

supamasis krėslas

keinutuoli

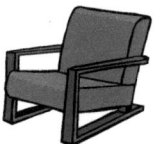

fotelis

nojatuoli

knyga

kirja

antklodė

peitto

papuošimai

koriste

malkos

polttopuut

filmas

elokuva

stereo aparatūra

stereot

raktas

avain

laikraštis

sanomalehti

paveikslas

maalaus

plakatas

juliste

radijas

radio

užrašų knygelė

muistivihko

dulkių siurblys

pölynimuri

kaktusas

kaktus

žvakė

kynttilä

virtuvė
keittiö

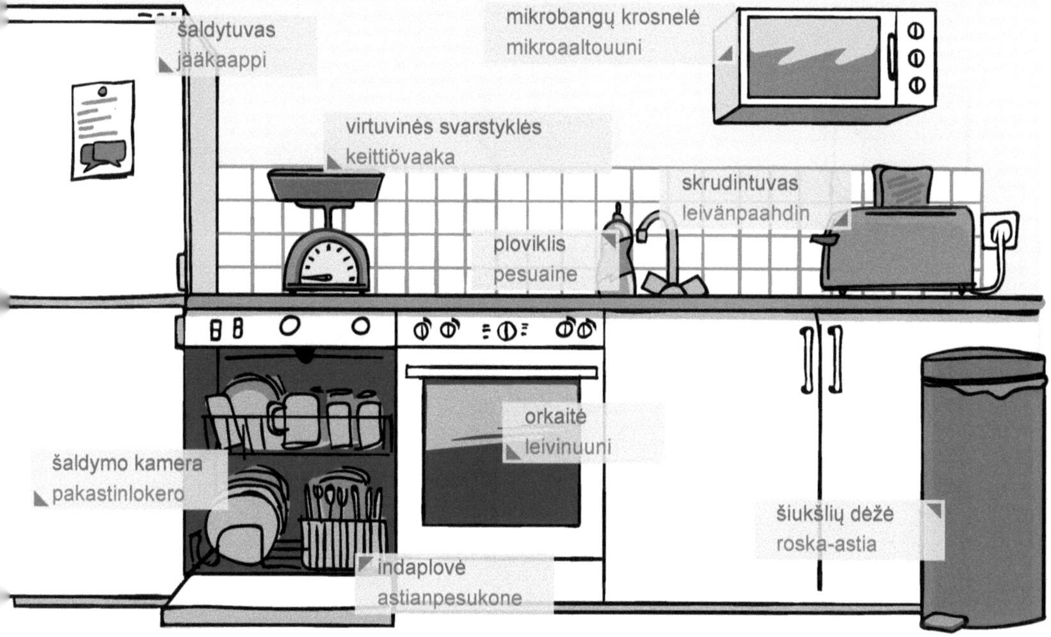
šaldytuvas
jääkaappi
mikrobangų krosnelė
mikroaaltouuni
virtuvinės svarstyklės
keittiövaaka
skrudintuvas
leivänpaahdin
ploviklis
pesuaine
orkaitė
leivinuuni
šaldymo kamera
pakastinlokero
šiukšlių dėžė
roska-astia
indaplovė
astianpesukone

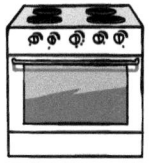

viryklė
liesi

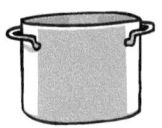

puodas
kattila

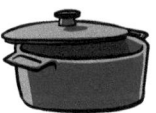

ketaus puodas
rautapata

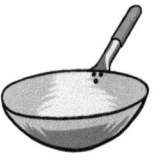

„wok“ keptuvė
vokkipannu / kadai-pannu

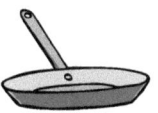

keptuvė
paistinpannu

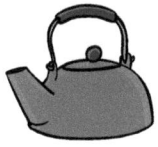

virdulys
teepannu

garų puodas

höyrykeitin

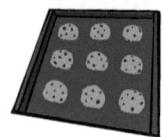

kepimo skarda

uunipelti

porceliano indai

astiat

puodelis

muki

dubuo

kulho

valgomosios lazdelės

syömäpuikot

samtis

kauha

mentelė

paistinlasta

plaktuvas

vispilä

koštuvas

siivilä

sietas

siivilä

trintuvė

raastin

grūstuvė

mortteli

kepsninė

grilli

atvira liepsna

avotuli

virtuvė - keittiö

pjaustymo lentelė

leikkuulauta

kočėlas

kaulin

kamščiatraukis

korkinavaaja

skardinė

purkki

skardinių atidarytuvas

purkinavaaja

puodkėlė

pannulappu

kriauklė

lavuaari

šepetys

tiskiharja

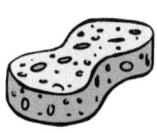

kempinė

pesusieni

trintuvas

tehosekoitin

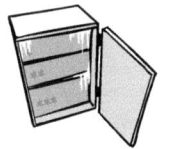

šaldiklis

pakastin

kūdikių buteliukas

tuttipullo

čiaupas

vesihana

vonios kambarys
kylpyhuone

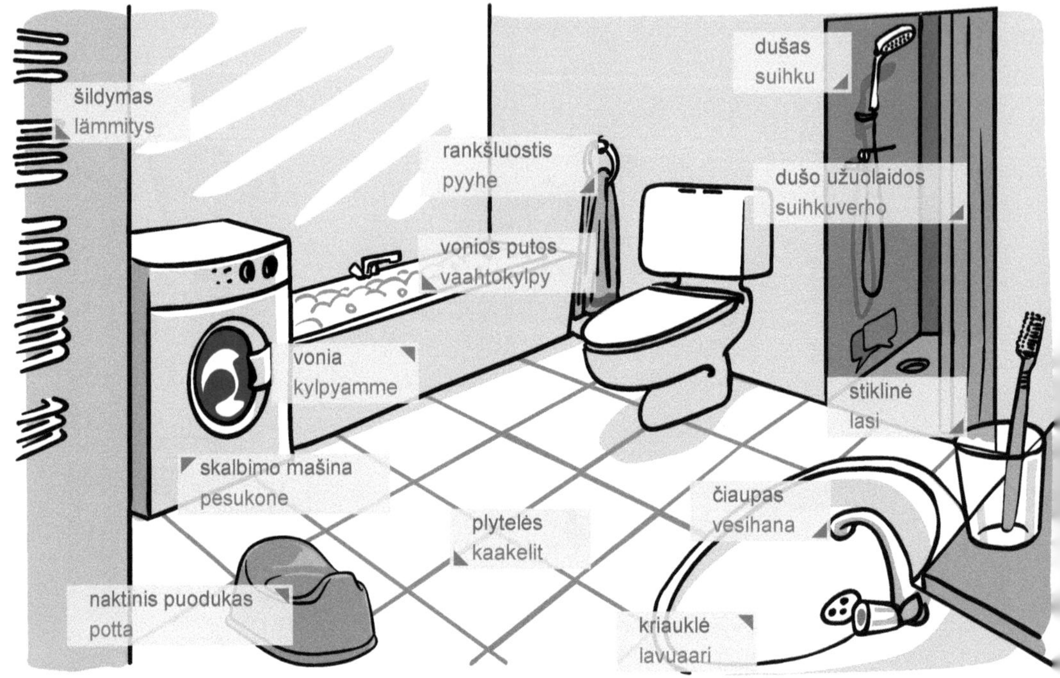
šildymas
lämmitys
rankšluostis
pyyhe
dušas
suihku
dušo užuolaidos
suihkuverho
vonios putos
vaahtokylpy
vonia
kylpyamme
stiklinė
lasi
skalbimo mašina
pesukone
čiaupas
vesihana
plytelės
kaakelit
naktinis puodukas
potta
kriauklė
lavuaari

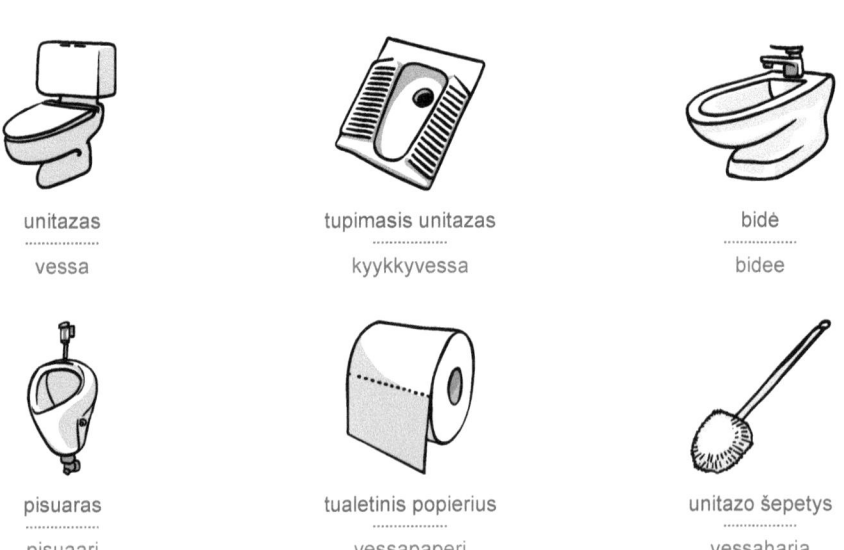

unitazas
vessa

tupimasis unitazas
kyykkyvessa

bidė
bidee

pisuaras
pisuaari

tualetinis popierius
vessapaperi

unitazo šepetys
vessaharja

dantų šepetėlis

hammasharja

dantų pasta

hammastahna

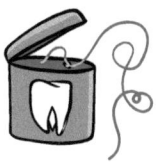

dantų siūlas

hammaslanka

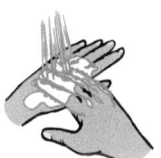

plauti

pestä

dušo galvutė

käsisuihku

higieninis dušas

intiimisuihku

praustuvas

pesuvati

nugaros plaušinė

selkäharja

muilas

saippua

dušo želė

suihkugeeli

šampūnas

shampoo

plaušinė

pesulappu

kanalizacija

viemäri

kremas

voide

dezodorantas

deodorantti

veidrodis
peili

veidrodėlis
käsipeili

skustuvas
partaveitsi

skutimosi putos
partavaahto

losjonas po skutimosi
partavesi

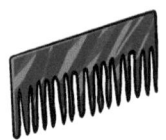

šukos
kampa

šepetys
harja

plaukų džiovintuvas
hiustenkuivaaja

plaukų lakas
hiuslakka

makiažas
meikki

lūpdažis
huulipuna

nagų lakas
kynsilakka

vata
pumpuli

žirklutės nagams
kynsisakset

kvepalai
hajuvesi

maišelis skalbiniams

kosmetiikkalaukku

taburetė

jakkara

svarstyklės

vaaka

chalatas

kylpytakki

guminės pirštinės

kumihansikkaat

tamponas

tamponi

higieninis įklotas

terveysside

biotualetas

kemiallinen wc

vaiko kambarys
lastenhuone

žadintuvas
herätyskello
pliušinis žaislas
pehmolelu
žaislinė mašinėlė
leikkiauto
barškutis
helistin
lėlės namelis
nukkekoti
dovana
lahja

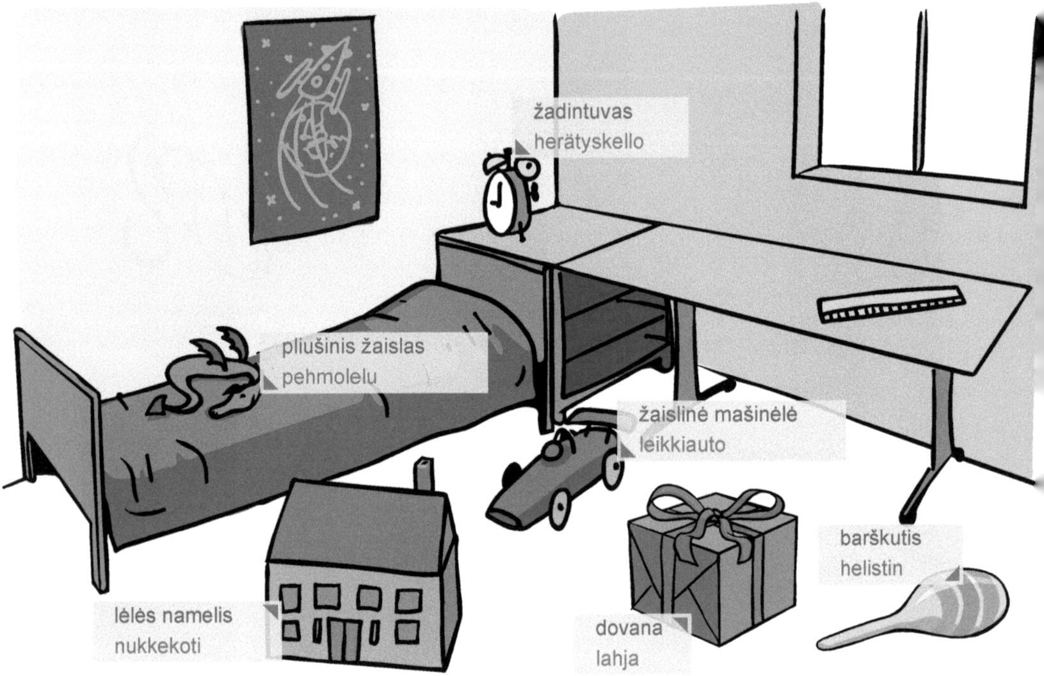

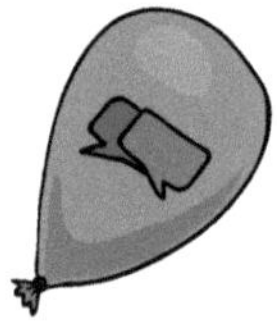

balionas
ilmapallo

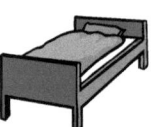

lova
sänky

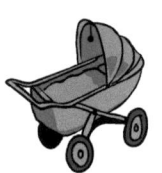

vaikiškas vežimėlis
lastenvaunut

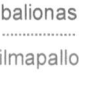

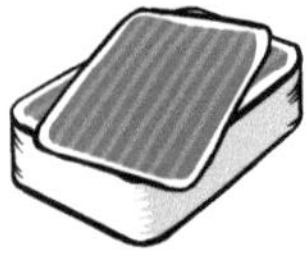

kortų malka
korttipeli

delionė
palapeli

SUPER
MEGA

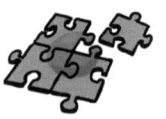

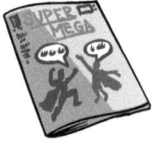

komiksai
sarjakuva

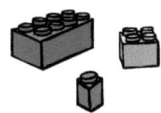

lego kaladėlės

legopalikat

žaislinės kaladėlės

rakennuspalikat

figūrėlė

supersankari

šliaužtinukai

potkupuku

mėtymo lėkštė

frisbee

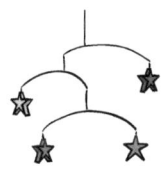

karuselė

mobile

stalo žaidimas

lautapeli

kauliukai

noppa

žaislinis traukinys

pienoisjunarata

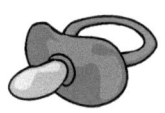

žindukas

tutti

vakarėlis

juhlat

paveiksliukų knygelė

kuvakirja

kamuolys

pallo

lėlė

nukke

žaisti

leikkiä

smėlio dėžė

hiekkalaatikko

sūpynės

keinu

žaislai

lelut

žaidimų konsolė

pelikonsoli

triratukas

kolmipyörä

meškiukas

nalle

drabužių spinta

vaatekaappi

drabužis

vaatteet

kojinės

sukat

kojinės virš kelių

nylonsukat

pėdkelnės

sukkahousut

šalikas
kaulaliina

diržas
vyö

skėtis
sateenvarjo

marškinėliai
t-paita

sportbačiai
lenkkarit

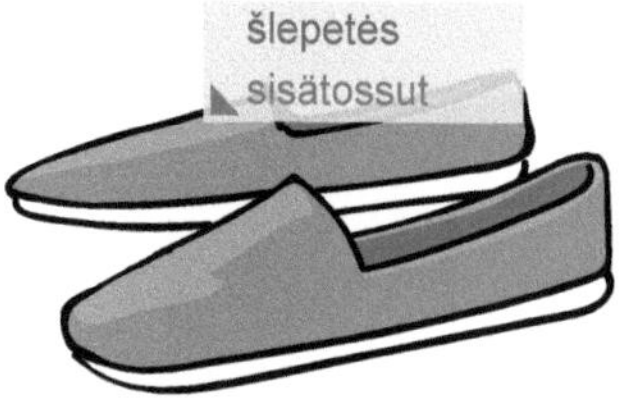

ilgauliai batai
saappaat

šlepetės
sisätossut

sandalai
sandaalit

batai
kengät

guminiai batai
kumisaappaat

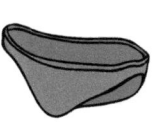

trumpikės
alushousut

liemenėlė
rintaliivit

liemenė
aluspaita

drabužis - vaatteet

glaustinukė
body

kelnės
housut

džinsai
farkut

sijonas
hame

palaidinė
pusero

marškiniai
paita

megztinis
villapaita

megztinis su gobtuvu
collegepaita

švarkelis
jakku

švarkas
takki

paltas
takki

lietpaltis
sadetakki

kostiumas
puku

suknelė
mekko

vestuvinė suknelė
hääpuku

kostiumas

puku

naktiniai marškiniai

yöpaita

pižama

pyjama

saris

shari

skarelė

päähuivi

tiurbanas

turbaani

burka

burka

kaftanas

kaftaani

abaja

abaya

maudymosi kostiumėlis

uimapuku

glaudės

uimahousut

šortai

shortsit

sportinis kostiumas

verkkarit

prijuostė

esiliina

pirštinės

käsineet

saga
nappi

akiniai
silmälasit

apyrankė
rannekoru

vėrinys
kaulakoru

žiedas
sormus

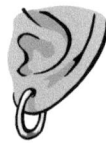

auskaras
korvakoru

kepurė
lippalakki

pakabas
ripustin

skrybėlė
hattu

kaklaraištis
solmio

užtrauktukas
vetoketju

šalmas
kypärä

breketai
henkselit

mokyklinė uniforma
koulupuku

uniforma
univormu

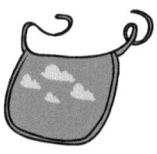

seilinukas

ruokalappu

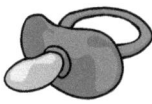

žindukas

tutti

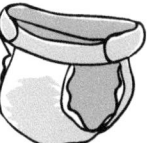

vystyklai

vaippa

biuras
toimisto

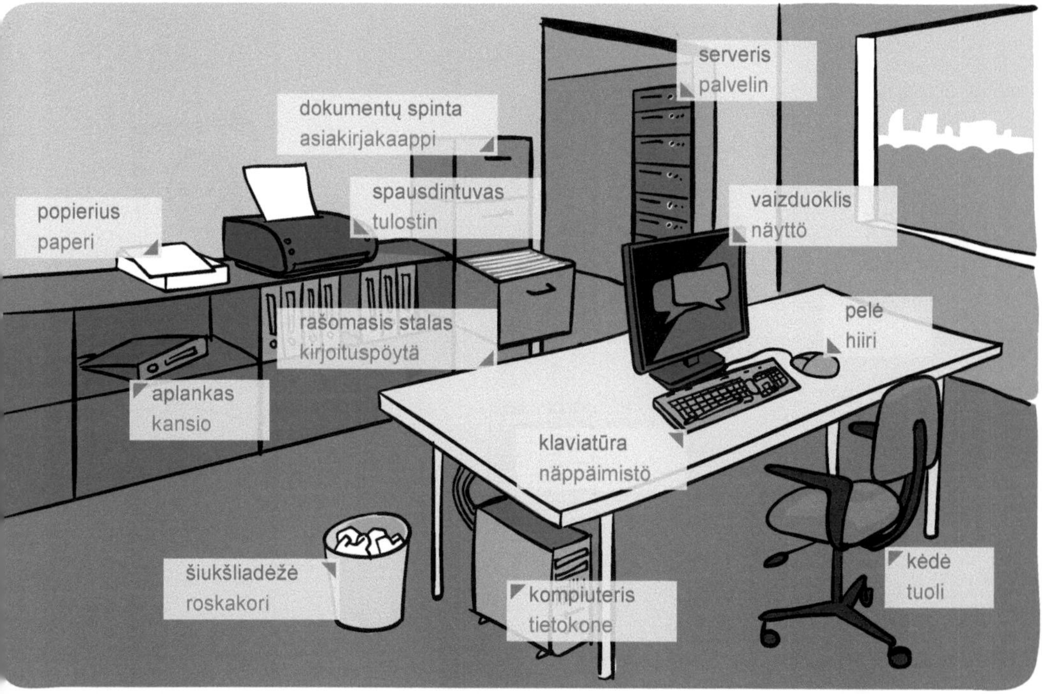
serveris
palvelin
dokumentų spinta
asiakirjakaappi
spausdintuvas
tulostin
popierius
paperi
vaizduoklis
näyttö
pelė
hiiri
rašomasis stalas
kirjoituspöytä
aplankas
kansio
klaviatūra
näppäimistö
šiukšliadėžė
roskakori
kėdė
tuoli
kompiuteris
tietokone

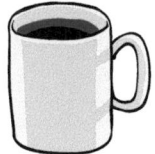

kavos puodelis

kahvimuki

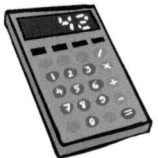

kalkuliatorius

taskulaskin

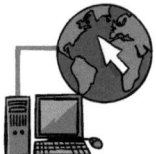

internetas

internet

nešiojamasis kompiuteris

kannettava tietokone

laiškas

kirje

žinutė

viesti

mobilusis telefonas

kännykkä

tinklas

verkko

fotokopijavimo aparatas

kopiokone

programinė įranga

ohjelmisto

telefonas

puhelin

kištukinis lizdas

pistorasia

faksas

faksi

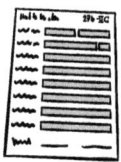

forma

lomake

dokumentas

asiakirja

pirkti

ostaa

mokėti

maksaa

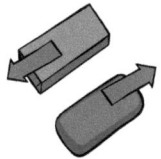

prekiauti

vaihtaa

pinigai

raha

doleris

dollari

euras

euro

jena

jeni

rublis

rupla

Šveicarijos frankas

frangi

juanis

renminbi juan

rupija

rupia

bankomatas

pankkiautomaatti

valiutos keitykla
....
rahanvaihto

auksas
....
kulta

sidabras
....
hopea

nafta
....
öljy

energija
....
energia

kaina
....
hinta

sutartis
....
sopimus

mokestis
....
vero

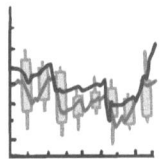

akcijos
....
osake

dirbti
....
työskennellä

darbuotojas
....
työntekijä

darbdavys
....
työnantaja

gamykla
....
tehdas

parduotuvė
....
liike

profesijos
ammatit

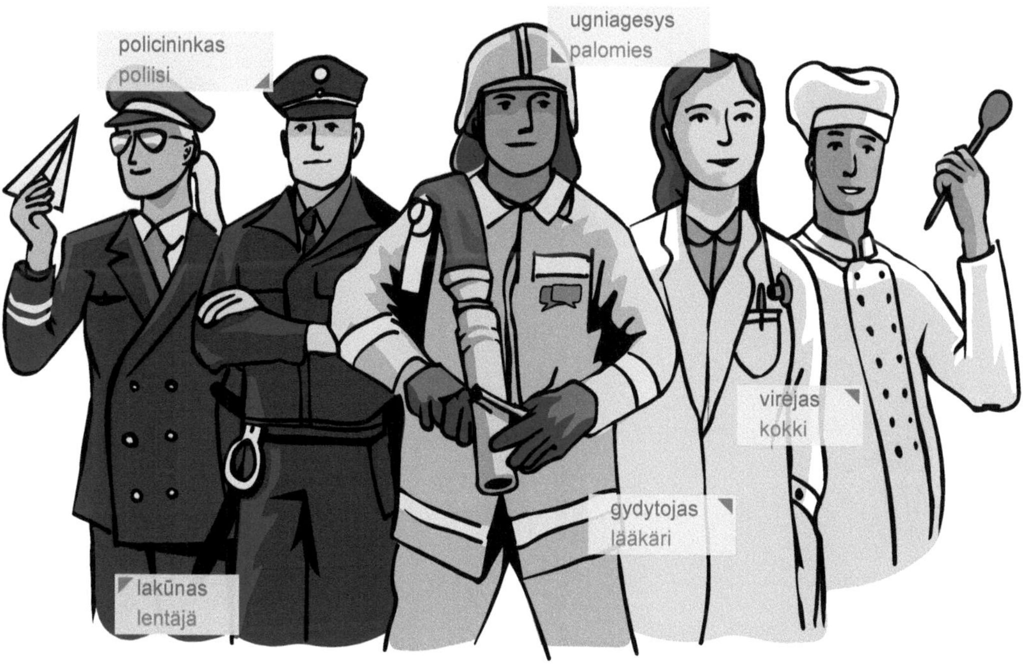
policininkas
poliisi
ugniagesys
palomies
virėjas
kokki
gydytojas
lääkäri
lakūnas
lentäjä

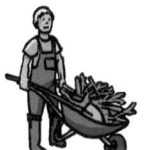

sodininkas

puutarhuri

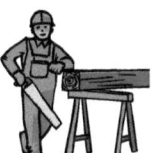

stalius

puuseppä

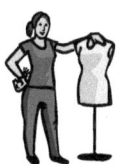

siuvėja

ompelija

teisėjas

tuomari

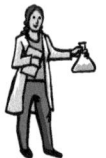

chemikas

kemisti

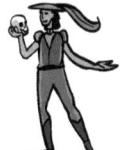

aktorius

näyttelijä

autobuso vairuotojas

linja-autonkuljettaja

taksi vairuotojas

taksinkuljettaja

žvejys

kalastaja

valytoja

siivooja

stogdengys

katontekijä

padavėjas

tarjoilija

medžiotojas

metsästäjä

dailininkas

maalari

kepėjas

leipuri

elektrikas

sähköasentaja

statybininkas

rakentaja

inžinierius

insinööri

mėsininkas

teurastaja

santechnikas

putkiasentaja

paštininkas

postinjakaja

kareivis

sotilas

architektas

arkkitehti

kasininkas

kassanhoitaja

gėlininkas

floristi

kirpėjas

kampaaja

konduktorius

konduktööri

mechanikas

mekaanikko

kapitonas

kapteeni

odontologas

hammaslääkäri

mokslininkas

tiedemies

rabinas

rabbi

imamas

imaami

vienuolis

munkki

kunigas

pappi

įrankiai
työkalut

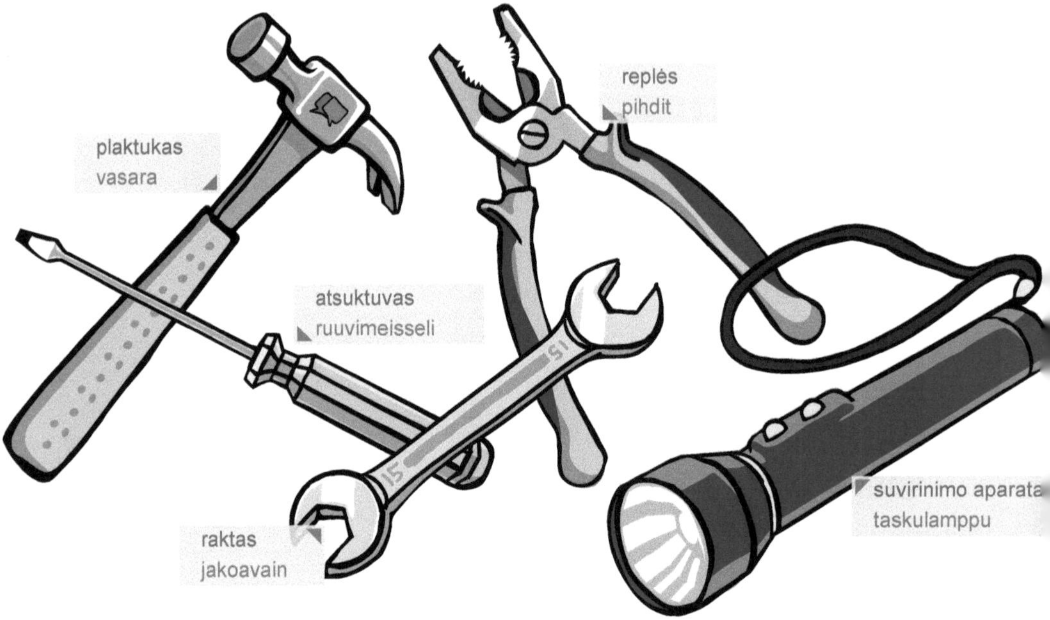
replės
pihdit
plaktukas
vasara
atsuktuvas
ruuvimeisseli
suvirinimo aparata
taskulamppu
raktas
jakoavain

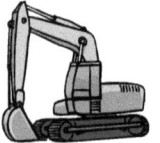

ekskavatorius

kaivinkone

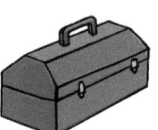

įrankių dėžė

työkalupakki

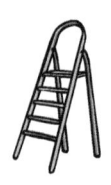

kopėčios

tikkaat

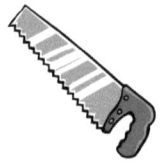

pjūklas

saha

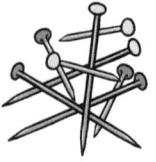

vinys

naulat

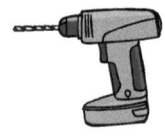

grąžtas

pora

taisyti
korjata

kastuvas
lapio

Velniava!
Hitto!

semtuvėlis
rikkalapio

dažų skardinė
maalipurkki

varžtai
ruuvit

muzikos instrumentai
soittimet

garsiakalbis
kaiuttimet

būgnų rinkinys
rummut

gitara
kitara

kontrabosas
kontrabasso

trimitas
trumpetti

pianinas

piano

smuikas

viulu

bosinė gitara

basso

timpanas

patarummut

būgnai

rumpu

sintezatorius

kosketinsoitin

saksofonas

saksofoni

fleita

huilu

mikrofonas

mikrofoni

zoologijos sodas
eläintarha

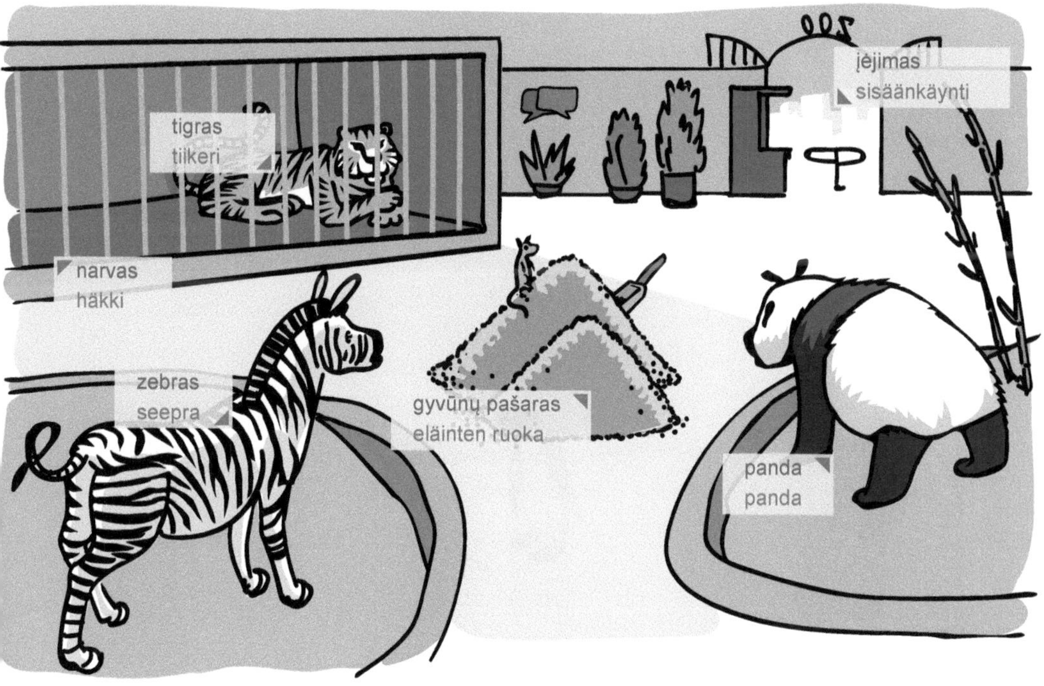

įėjimas
sisäänkäynti
tigras
tiikeri
narvas
häkki
zebras
seepra
gyvūnų pašaras
eläinten ruoka
panda
panda

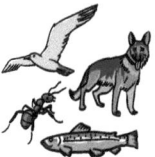

gyvūnai

eläimet

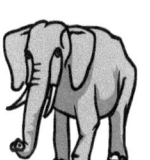

dramblys

norsu

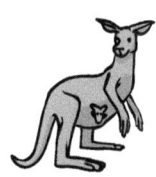

kengūra

kenguru

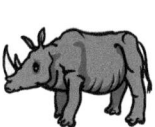

raganosis

sarvikuono

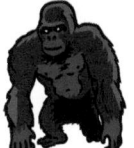

gorila

gorilla

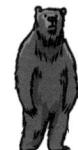

meška

karhu

kupranugaris

kameli

strutis

strutsi

liūtas

leijona

beždžionė

apina

flamingas

flamingo

papūga

papukaija

baltoji meška

jääkarhu

pingvinas

pingviini

ryklys

hai

povas

riikinkukko

gyvatė

käärme

krokodilas

krokotiili

zoologijos sodo prižiūrėtojas

eläintarhanhoitaja

ruonis

hylje

jaguaras

jaguaari

ponis
poni

leopardas
leopardi

begemotas
virtahepo

žirafa
kirahvi

erelis
kotka

šernas
villisika

žuvis
kala

vėžlys
kilpikonna

vėplys
mursu

lapė
kettu

gazelė
gaselli

amerikietiškas futbolas
amerikkalainen jalkapallo

dviračių sportas
pyöräily

tenisas
tennis

krepšinis
koripallo

plaukimas
uinti

boksas
nyrkkeily

ledo ritulys
jääkiekko

futbolas
jalkapallo

badmintonas
sulkapallo

atletika
yleisurheilu

rankinis
käsipallo

slidinėjimas
hiihto

polas
poolo

šokinėti
hypätä

apkabinti
halata

juoktis
nauraa

vaikščioti
kävellä

dainuoti
laulaa

svajoti
unelmoida

melstis
rukoilla

bučiuoti
suudella

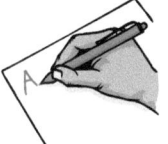

rašyti
kirjoittaa

piešti
piirtää

rodyti
näyttää

stumti
painaa

duoti
antaa

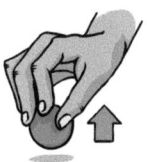

imti
ottaa

turėti

omistaa

daryti

tehdä

būti

olla

stovėti

seisoa

bėgti

juosta

traukti

vetää

mesti

heittää

kristi

kaatua

meluoti

maata

laukti

odottaa

nešti

kantaa

sėdėti

istua

rengtis

pukeutua

miegoti

nukkua

pabusti

herätä

žiūrėti
katsoa

verkti
itkeä

glostyti
silittää

šukuoti
kammata

kalbėti
puhua

suprasti
ymmärtää

paklausti
kysyä

klausytis
kuunnella

gerti
juoda

valgyti
syödä

tvarkytis
siivota

mylėti
rakastaa

gaminti
keittää

vairuoti
ajaa

skristi
lentää

buriuoti
purjehtia

skaičiuoti
laskea

skaityti
lukea

mokytis
oppia

dirbti
työskennellä

vesti
mennä naimisiin

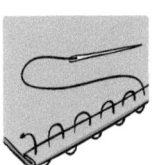

siūti
ommella

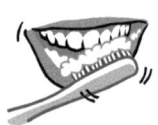

valytis dantis
pestä hampaat

žudyti
tappaa

rūkyti
tupakoida

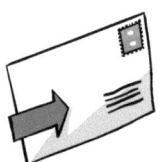

siųsti
lähettää

senelė
mummo

senelis
ukki

tėvas
isä

motina
äiti

kūdikis
vauva

dukra
tytär

sūnus
poika

svečias
vieras

teta
täti

dėdė
setä

brolis
veli

sesuo
sisko

kūnas

vartalo

kakta
otsa
akis
silmä
petys
olkapää
pirštas
sormet
veidas
kasvot
smakras
leuka
plaštaka
käsi
koja
jalka
krūtinė
rinta
ranka
käsivarsi

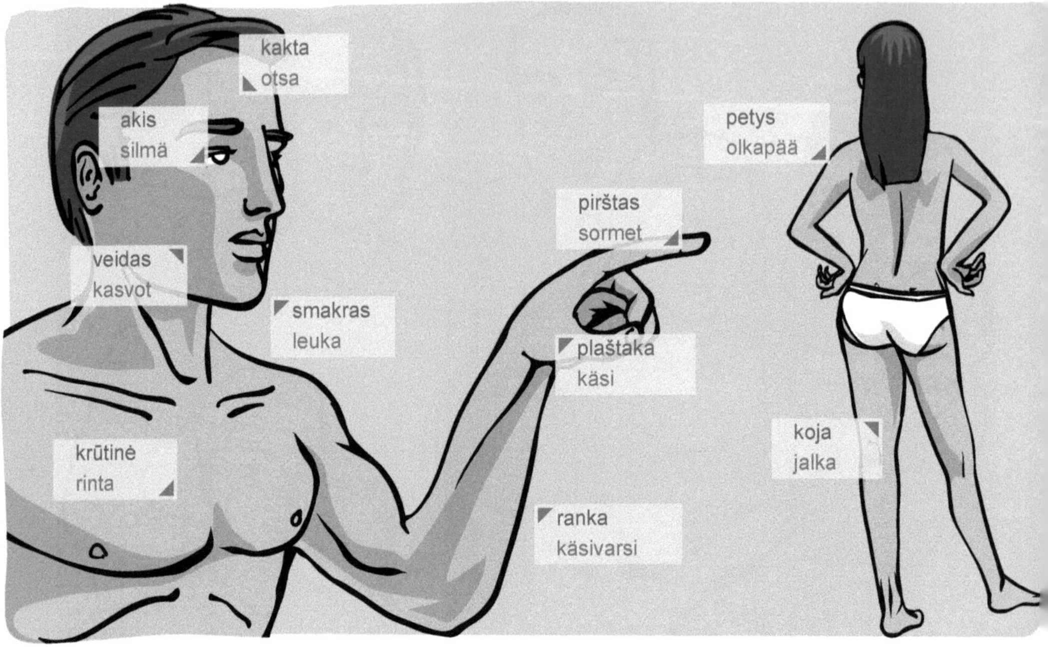

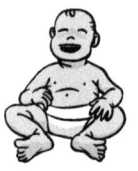

kūdikis

vauva

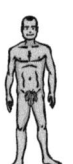

vyras

mies

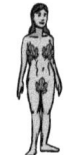

moteris

nainen

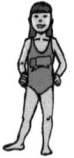

mergaitė

tyttö

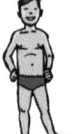

berniukas

poika

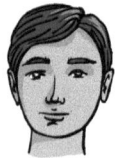

galva

pää

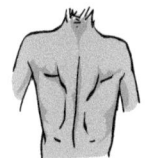

nugara

selkä

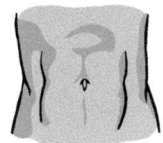

pilvas

maha

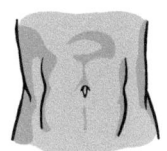

bamba

napa

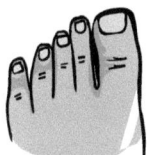

kojos pirštas

varvas

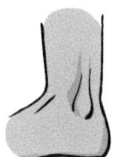

kulnas

kantapää

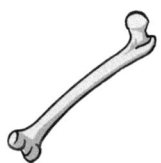

kaulas

luu

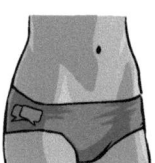

klubas

lantio

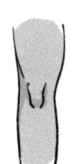

kelis

polvi

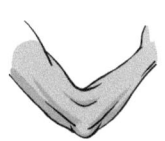

alkūnė

kyynärpää

nosis

nenä

sėdmenys

takapuoli

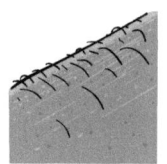

oda

iho

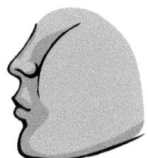

skruostas

poski

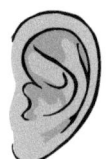

ausis

korva

lūpa

huuli

kūnas - vartalo

burna

suu

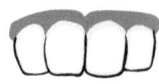

dantis

hammas

liežuvis

kieli

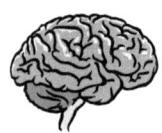

smegenys

aivot

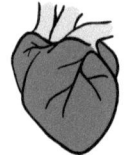

širdis

sydän

raumuo

lihas

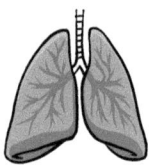

plaučiai

keuhkot

kepenys

maksa

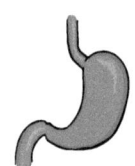

skrandis

vatsa

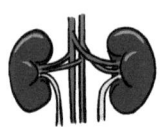

inkstai

munuaiset

seksas

seksi

prezervatyvas

kondomi

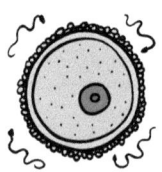

kiaušialąstė

munasolu

sperma

sperma

nėštumas

raskaus

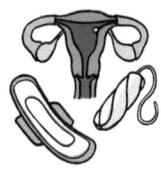

menstruacijos
....
kuukautiset

makštis
....
vagina

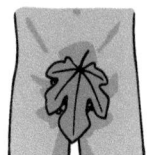

varpa
....
penis

antakis
....
kulmakarvat

plaukai
....
hiukset

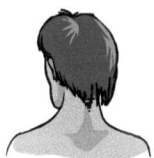

kaklas
....
niska

ligoninė
sairaala

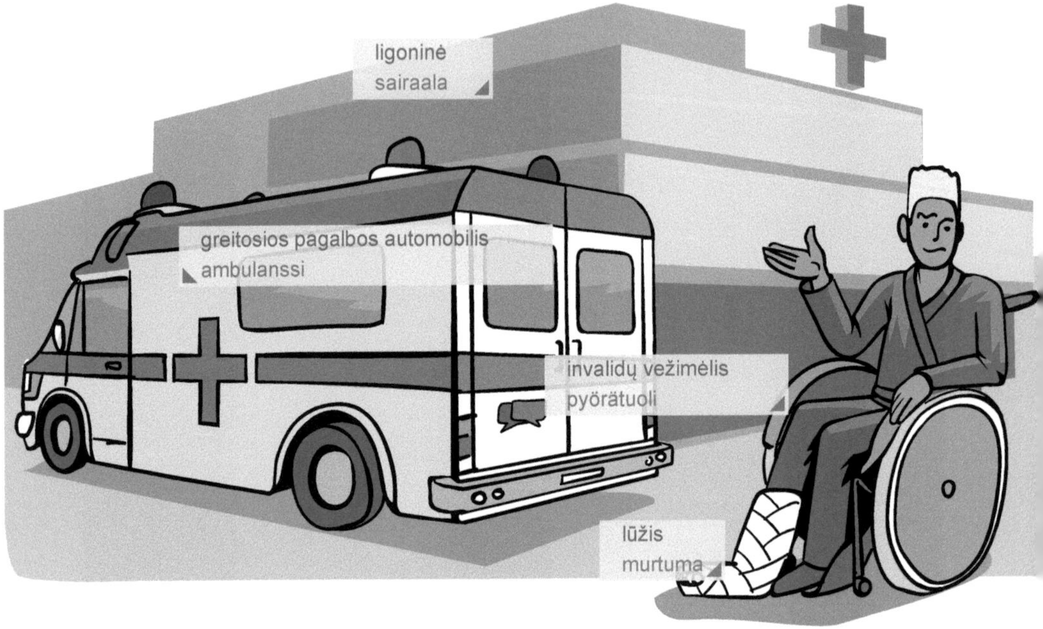

ligoninė
sairaala
greitosios pagalbos automobilis
ambulanssi
invalidų vežimėlis
pyörätuoli
lūžis
murtuma

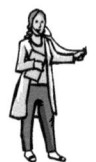

gydytojas

lääkäri

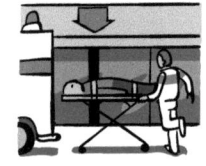

skubios pagalbos skyrius

ensiapu

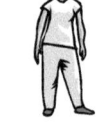

slaugytoja

sairaanhoitaja

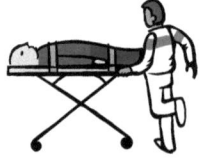

nelaimingas atsitikimas

hätätilanne

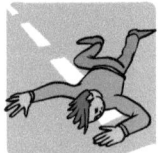

be sąmonės

tajuton

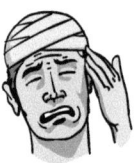

skausmas

kipu

sužalojimas

vamma

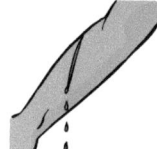

kraujavimas

verenvuoto

širdies smūgis

sydänkohtaus

insultas

aivoinfarkti

alergija

allergia

kosulys

yskä

karščiavimas

kuume

gripas

flunssa

viduriavimas

ripuli

galvos skausmas

päänsärky

vėžys

syöpä

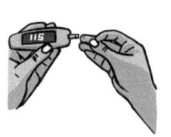

diabetas

diabetes

chirurgas

kirurgi

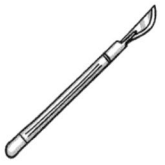

skalpelis

veitsi

operacija

leikkaus

ligoninė - sairaala

KT

ct

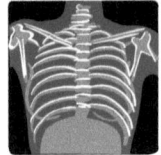

rentgenas

röntgen

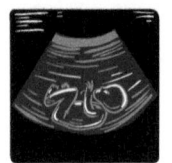

ultragarsas

ultraääni

veido kaukė

maski

liga

sairaus

laukiamasis

odotushuone

ramentas

sauva

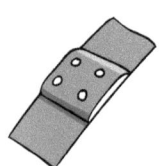

gipsas

laastari

tvarstis

side

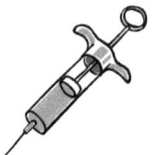

injekcija

pistos

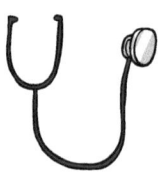

stetoskopas

stetoskooppi

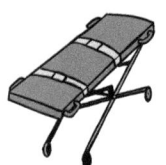

neštuvai

paarit

termometras

kuumemittari

gimimas

syntymä

antsvoris

ylipaino

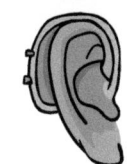

klausos aparatas
kuulolaite

dezinfekavimo priemonė
desinfiointiaine

infekcija
infektio

virusas
virus

ŽIV / AIDS
HIV / AIDS

vaistas
lääke

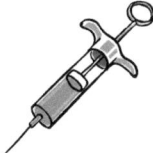

skiepijimas
rokotus

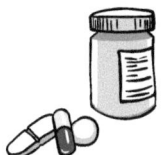

tabletės
tabletit

piliulė
pilleri

skubios pagalbos numeris
hätäpuhelu

kraujospūdžio matuoklis
verenpainemittari

ligotas / sveikas
sairas / terve

Padėkite!

Apua!

pavojaus signalas

hälytys

užpuolimas

ryöstö

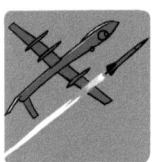

ataka

hyökkäys

pavojus

vaara

avarinis išėjimas

hätäuloskäynti

Gaisras!

Tulipalo!

gesintuvas

palosammutin

nelaimingas atsitikimas

onnettomuus

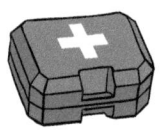

pirmosios pagalbos rinkinys

ensiapulaukku

SOS

SOS

policija

poliisilaitos

Europa

Eurooppa

Šiaurės Amerika

Pohjois-Amerikka

Pietų Amerika

Etelä-Amerikka

Afrika

Afrikka

Azija

Aasia

Australija

Australia

Atlanto vandenynas

Atlantin valtameri

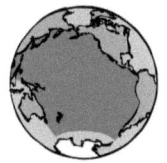

Ramusis vandenynas

Tyynimeri

Indijos vandenynas

Intian valtameri

Pietų vandenynas

Eteläinen jäämeri

Arkties vandenynas

Pohjoinen jäämeri

Šiaurės ašigalis

pohjoisnapa

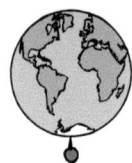

Pietų ašigalis

etelänapa

Antarktida

Antarktis

Žemė

maa

sausuma

maa

jūra

meri

sala

saari

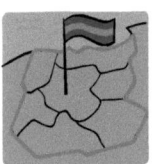

tauta

kansa

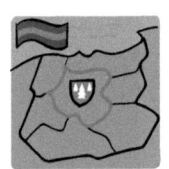

valstybė

osavaltio

ciferblatas

kellotaulu

valandinė rodyklė

tuntiviisari

minutinė rodyklė

minuuttiviisari

sekundinė rodyklė

sekuntiviisari

Kiek valandų?

Paljonko kello on?

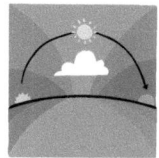

diena

päivä

laikas

aika

dabar

nyt

skaitmeninis laikrodis

digitaalikello

minutė

minuutti

valanda

tunti

savaitė

viikko

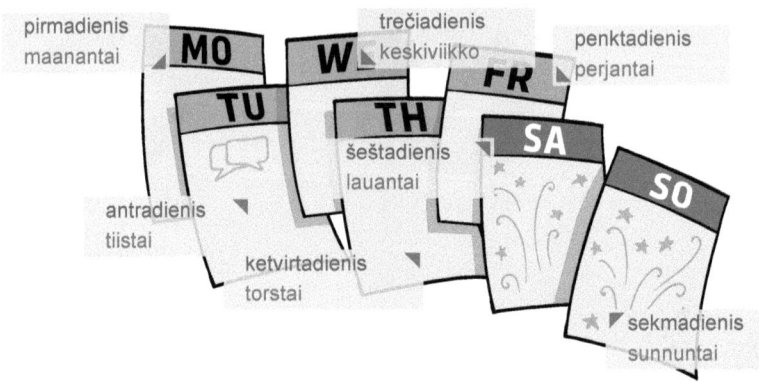

pirmadienis
maanantai

trečiadienis
keskiviikko

penktadienis
perjantai

antradienis
tiistai

šeštadienis
lauantai

ketvirtadienis
torstai

sekmadienis
sunnuntai

vakar

eilen

šiandien

tänään

rytoj

huomenna

rytas

aamu

vidurdienis

keskipäivä

vakaras

ilta

darbo dienos

työpäivät

savaitgalis

viikonloppu

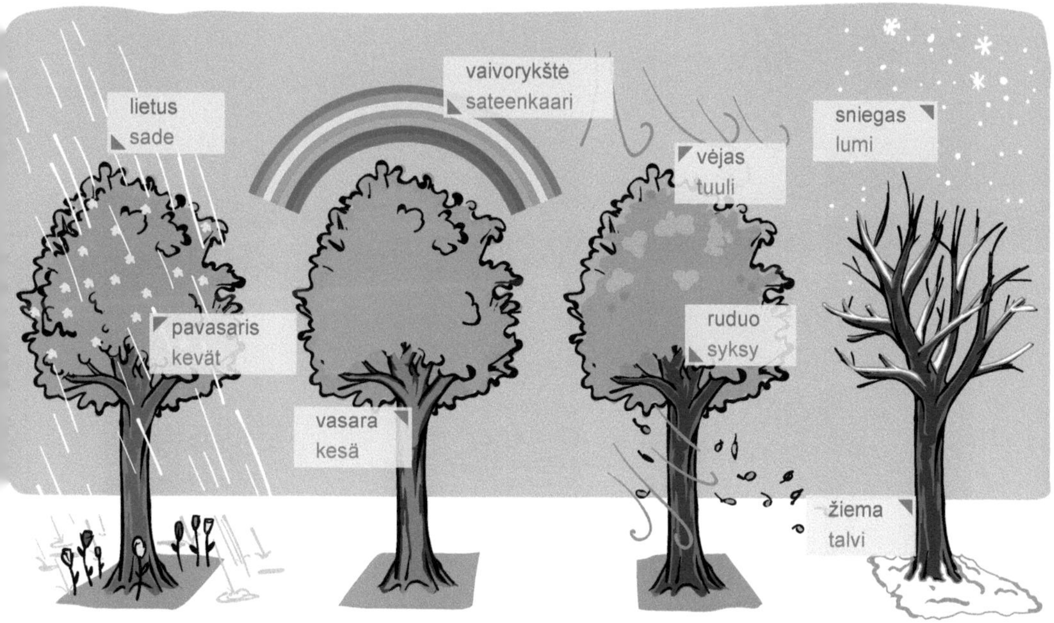

lietus
sade
vaivorykštė
sateenkaari
vėjas
tuuli
sniegas
lumi
pavasaris
kevät
vasara
kesä
ruduo
syksy
žiema
talvi

4.APRIL 11°
5.APRIL 4°
6.APRIL 13°
7.APRIL 8°
8.APRIL 10°

orų prognozė

sääennuste

F C
120 40
90 30
60 20
30 10
0 0
-30 -10
-20

lauko termometras

lämpömittari

saulės šviesa

auringonpaiste

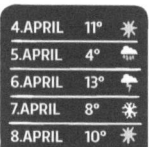

debesis

pilvi

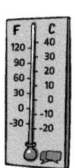

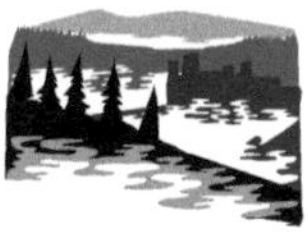

rūkas

sumu

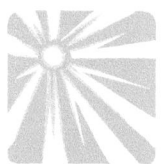

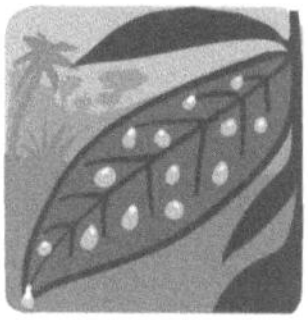

drėgmė

ilmankosteus

žaibas

salama

griaustinis

ukkonen

audra

myrsky

kruša

rae

musonas

monsuuni

potvynis

tulva

ledas

jää

sausis

tammikuu

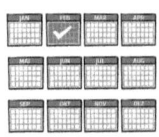

vasaris

helmikuu

kovas

maaliskuu

balandis

huhtikuu

gegužė

toukokuu

birželis

kesäkuu

liepa

heinäkuu

rugpjūtis

elokuu

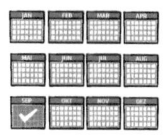

rugsėjis
....
syyskuu

spalis
....
lokakuu

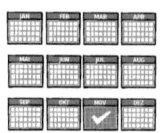

lapkritis
....
marraskuu

gruodis
....
joulukuu

apskritimas
....
ympyrä

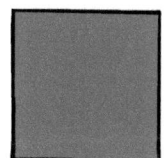

kvadratas
....
neliö

stačiakampis
....
suorakulmio

trikampis
....
kolmio

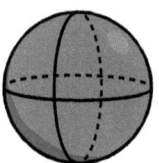

sfera
....
pallo

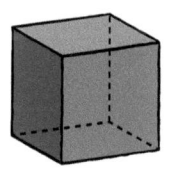

kubas
....
kuutio

balta

valkoinen

geltona

keltainen

oranžinė

oranssi

rožinė

vaaleanpunainen

raudona

punainen

violetinė

violetti

mėlyna

sininen

žalia

vihreä

ruda

ruskea

pilka

harmaa

juoda

musta

daug / mažai

paljon / vähän

piktas / ramus

vihainen / ystävällinen

gražus / bjaurus

kaunis / ruma

pradžia / pabaiga

alku / loppu

didelis / mažas

suuri / pieni

šviesus / tamsus

vaalea / tumma

brolis / sesuo

veli / sisko

švarus / purvinas

puhdas / likainen

užbaigtas / neužbaigtas

täydellinen / epätäydellinen

diena / naktis

päivä / yö

miręs / gyvas

kuollut / elävä

platus / siauras

leveä / kapea

valgomas / nevalgomas

syötävä / syömäkelvoton

piktas / malonus

paha / kiltti

linksmas / nuobodus

innostunut / tylsistynyt

storas / plonas

lihava / laiha

pirmiausia / paskiausia

ensimmäinen / viimeinen

draugas / priešas

ystävä / vihollinen

pilnas / tuščias

täysi / tyhjä

kietas / minkštas

kova / pehmeä

sunkus / lengvas

painava / kevyt

alkis / troškulys

nälkä / jano

ligotas / sveikas

sairas / terve

nelegalus / legalus

laiton / laillinen

protingas / kvailas

älykäs / tyhmä

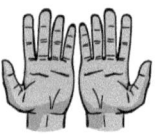

kairė / dešinė

vasen / oikea

arti / toli

lähellä / kaukana

naujas / naudotas

uusi / käytetty

niekas / kažkas

ei mitään / jotain

senas / jaunas

vanha / nuori

jjungta / išjungta

päällä / pois päältä

atidaryta / uždaryta

auki / kiinni

tylus / garsus

hiljainen / äänekäs

turtingas / vargšas

rikas / köyhä

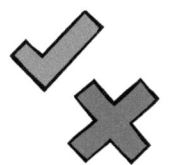

teisus / neteisus

oikein / väärin

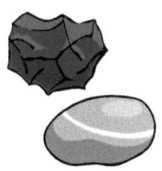

šiurkštus / švelnus

karhea / sileä

liūdnas / laimingas

surullinen / iloinen

trumpas / ilgas

lyhyt / pitkä

lėtas / greitas

hidas / nopea

drėgnas / sausas

märkä / kuiva

šiltas / šaltas

lämmin / viileä

karas / taika

sota / rauha

0	1	2
nulis	vienas	du
nolla	yksi	kaksi

3	4	5
trys	keturi	penki
kolme	neljä	viisi

6	7	8
šeši	septyni	aštuoni
kuusi	seitsemän	kahdeksan

9	10	11
devyni	dešimt	vienuolika
yhdeksän	kymmenen	yksitoista

12
dvylika
kaksitoista

13
trylika
kolmetoista

14
keturiolika
neljätoista

15
penkiolika
viisitoista

16
šešiolika
kuusitoista

17
septyniolika
seitsemäntoista

18
aštuoniolika
kahdeksantoista

19
devyniolika
yhdeksäntoista

20
dvidešimt
kaksikymmentä

100
šimtas
sata

1.000
tūkstantis
tuhat

1.000.000
milijonas
miljoona

anglų
englanti

amerikiečių anglų
amerikanenglanti

kinų (mandarinų)
mandariinikiina

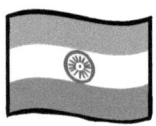

hindi
hindi

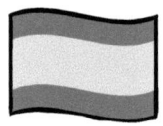

ispanų
espanja

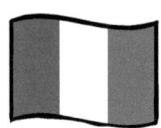

prancūzų
ranska

arabų
arabia

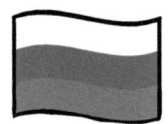

rusų
venäjä

portugalų
portugali

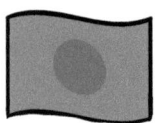

bengalų
bengali

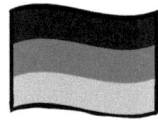

vokiečių
saksa

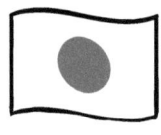

japonų
japani

aš

minä

tu

sinä

jis / ji

hän

mes

me

jūs

te

jie

he

kas?

kuka?

ką?

mitä / mikä?

kaip?

miten?

kur?

missä?

kada?

milloin?

vardas

nimi

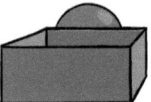

už
....
takana

kur (vieta)
....
sisällä

priešais
....
edessä

virš
....
yläpuolella

ant
....
päällä

po
....
alapuolella

prie
....
vieressä

tarp
....
välissä

vieta
....
paikka